Schriftenreihe des Islamischen Zentrums München Nr. 3

GRUNDSÄTZE DER ISLAMISCHEN ERZIEHUNG

von
Khurshid Ahmad

Islamisches Zentrum München
1997

4. Auflage 2005
Übersetzung: Fatima Heeren

Herausgeber: Islamische Gemeinschaft in Deutschland e.V.
Schriftenreihe des Islamischen Zentrums München Nr. 3
ISBN 3-89263-003-8

Islamisches Zentrum München
Wallnerstr. 1
80939 München
e-mail: buchversand@i-g-d.de

Printed: Enes Ofset 2005 İstanbul

INHALT

GRUNDSÄTZE DER ISLAMISCHEN ERZIEHUNG

Khurshid Ahmad

Dem liebenden Andenken an meine Eltern gewidmet, zu deren Füßen ich meine wirkliche Erziehung erhielt.

Die Bedeutung der Erziehung braucht kaum hervorgehoben zu werden. Es ist das "Wissen um die Dinge" als solches, das den Menschen von der übrigen Schöpfung unterscheidet und das ihm, wie im Koran nachzulesen[1], seine Überlegenheit über alle anderen Geschöpfe verleiht. Wissen ist eine unentbehrliche Voraussetzung für die Befähigung zur Führerschaft[2] und einer der bedeutendsten Faktoren, die zum Aufstieg und Wachstum der Zivilisation führen[3]. Das ist der Grund, warum der Prophet Muhammed (Friede sei mit ihm) gesagt hat: "Jeder Muslim hat die Pflicht, sich Wissen zu erwerben", und "Eigne dir Wissen an, denn derjenige, der es auf dem Wege Gottes erwirbt, vollbringt eine Tat der Frömmigkeit; und der, der darüber spricht tut es zur Ehre Gottes; und der, der danach sucht, betet den Herrn an; und der, der es als Unterweisung austeilt, spendet Liebesgaben; und der, der es anderen weitervermittelt, vollbringt einen Dienst an Gott."

Da dem Wissen und der Erziehung also eine solche Bedeutung zukommt, ist es sehr wichtig, daß wir den Sinn der Erziehung genau verstehen und die Grundsätze, auf denen sie basieren sollte.

I.

Was ist Erziehung?

Erziehung ist nicht einfach nur öffentliche Unterweisung. Sie ist ein Prozeß, durch den eine Nation ihr Selbstbewußtsein entwickelt, indem sie das Selbstbewußtsein der Einzelnen fördert, aus denen sie sich zusammensetzt. Sie besteht in der Ausbildung der heranwachsenden Generationen in allen Lebensbereichen und darin, ihnen die Aufgaben und Pflichten ihres Daseins vor Augen zu führen. Durch die Erziehung vermittelt ein Volk seine Kultur und sein geistiges Erbe an künftige Generationen weiter und begeistert sie für ihre Lebensideale. Erziehung ist ein geistiges, körperliches und moralisches Training mit dem Ziel, hochkultivierte Männer und Frauen hervorzubringen, die in der Lage sind, ihren Pflichten als gute Menschen und nützliche Staatsbürger nachzukommen. Dies ist Sinn und Zweck der Erziehung, wie er sich bei sorgfältiger Durchsicht der Meinung führender Erziehungsfachleute aller Jahrhunderte herauskristallisiert.

In diesem Zusammenhang ist es interessant, das englische Wort für Erziehung, nämlich 'education', etymologisch, also seinem Ursprung nach zu untersuchen. Es stammt aus dem Lateinischen, wobei 'e' bzw. ,ex' soviel wie 'aus', 'heraus' meint und 'ducere' soviel wie 'führen'. Sinngemäß steht es für 'pack die Informationen hinein' und `hole die Fähigkeiten heraus'[4]. Im Wesentlichen stellt das Wort also die Gedankenverbindung zwischen dem Vermitteln von Informationen und Wissen und der Entwicklung von latent vorhandenen Talenten des Empfängers her.

John Stuart Mill zählt zu den Pionieren, die der Erziehung im Westen weitere Grenzen zu stecken versuchten. Er meint:

"Die Erziehung schließt nicht nur all das ein, was wir für uns selber tun und was von anderen für uns getan wird mit der ausdrücklichen *Absicht, uns der Vervollkommnung unseres Wesens näherzubringen;* in ihrem weitesten Sinne tut sie mehr: sie umfaßt selbst die indirekten Einflüsse, die auf den Charakter und die menschlichen Fähigkeiten von Dingen ausgeübt werden, deren direkter Zweck ein ganz anderer ist."[5]

John Milton definiert Erziehung folgendermaßen:

"Ich nenne eine vollkommene und großzügige Erziehung das, was einen Menschen dazu befähigt, gerecht, geschickt und edelmutig alle privaten und öffentlichen Aufgaben im Frieden wie im Krieg zu erfüllen."[6]

Diese Ansicht ist so formuliert, daß sie alle nur möglichen Aspekte einschließt.

Der amerikanische Philosoph John Dewey betrachtet Erziehung als "den Prozeß der Formung der intellektuellen und emotionalen Grundeinstellung der Natur und den Mitmenschen gegenüber."[7] Dr. John Park vertritt die Meinung: "Erziehung ist die Kunst oder der Prozeß, durch Unterweisung oder Studium Wissen oder Gewohnheiten zu vermitteln oder zu erwerben."[8]

Ein anderer Erziehungs-Experte, Professor Herman H. Horne, schreibt: "Erziehung ist der immerwährende Prozeß der höheren Anpassung des körperlich und geistig entwickelten, freien, bewußt lebenden menschlichen

Wesens an Gott, wie er sich im intellektuellen, emotionalen und willentlich bestimmten Lebensbereich des Menschen offenbart."[9]

Professor Niblett meint:

"Der Zweck der Erziehung ist nicht etwa 'Glücklichkeit' sondern die Entwicklung einer größeren Fähigkeit, bewußt zu leben, menschliches Verständnis zu vertiefen - und sei es vielleicht unvermeidlicherweise durch Konflikt, Kampf und Leiden -, die gute Tat zur Selbstverständlichkeit zu machen."[10]

Demzufolge ist Erziehung ein fortdauernder Prozeß, durch den der jüngeren Generation moralische, geistige und körperliche Schulung zuteil wird, wobei sie sich dadurch gleichzeitig ihre Ideale und ihre Bildung aneignet. Erziehungs-Experten benutzen das Wort in zweierlei Bedeutung: im weiteren Sinne bezeichnet es all jene physischen, biologischen, moralischen und sozialen Einflüsse, die den Lebensablauf des Einzelnen und des Staates gestalten. Im engeren Sinn bezieht es sich nur auf die besonderen Einflüsse, die von den Lehrern in den Schulen, Universitäten und anderen Bildungsstätten entwickelt und ausgeübt werden. Jedenfalls aber ist die Erziehung ein alles umfassender Prozeß und berührt alle Aspekte im Leben des Schülers. Oberhalb ist das Leben eines Volkes von seiner Erziehung abhängig. Ein chinesisches Sprichwort drückt das so aus:

"Wenn du für ein Jahr planst, dann pflanze Korn;

Wenn du für eine Dekade planst, dann pflanze Bäume;

Wenn du für ein Jahrtausend planst, dann pflanze Menschen."

Durch die Erziehung also werden Menschen "gepflanzt" und Jahrtausende gestaltet.

II.

Erziehung und Kultur

Die Erziehung ist untrennbarer Bestandteil der Kultur eines Volkes. Und sie ist das Instrument, durch das die Kultur fortbesteht. Beide lassen sich nicht voneinander trennen, ebenso wie das Fleisch nicht vom Knochen getrennt werden kann. Es besteht die weitverbreitete irrige Ansicht, daß ein Volk das Erziehungssystem jedes beliebigen Landes oder Staates nachahmen könne, ohne Schaden zu nehmen.

Doch wenn ein Volk seine eigene Kultur nicht mit Füßen treten will - was einem nationalen Selbstmord gleichkäme -, dann kann es sich nicht kritiklos eines ihm fremden Erziehungssystems bedienen.

Jedes Erziehungssystem besteht grundsätzlich aus einer Reihe von gesellschaftlichen Idealen, Normen und Wertvorstellungen und basiert auf einer bestimmten Weltanschauung und Kultur. Nachahmung in diesem Bereich ist selbstmörderisch. Andererseits kann ein Land im Bereich von Technik und Arbeitsmethoden ruhig die Erfahrungen eines anderen nutzen. Doch soweit es sich um Wertmaßstäbe, Grundsätze und Ideale handelt, ist größte Vorsicht geboten, denn eine bewußte oder unbewußte Übernahme derselben kann das gesamte Kulturgefüge eines Volkes zerstören.

Iqbal hat hierüber fest umrissene Vorstellungen. Er sagt:

> "Suche auf dem eigenen Boden nach dem Feuer, das
> du brauchst

Es lohnt sich ja doch nicht, nach dem Lichte anderer
zu streben
Suche nicht der westlichen Glasbläser Gunst,
Bau´ dir deine eigne Welt aus Indiens Erde.
Suche nicht dein Brot durch andrer Großmut zu
erlangen
Suche nicht des Wassers Wogen im sprudelnden
Quell der Sonne;
Wie lange noch willst du unter den Flügeln anderer
verweilen?
Lern mit deinen eignen Schwingen frei des Gartens
Brise zu durchschweben."

Am eindeutigsten vielleicht bezieht Iqbal Stellung, wenn er die Generation kritisiert, die unter dem Einfluß einer fremdartigen Erziehung herangewachsen ist - eine Erziehung, die im Widerspruch steht zu unserer Kultur, abgeschmackt ist im Vergleich mit unserer Zivilisation, eine Herausforderung bedeutet für unsere Traditionen und verletzend ist für unsere Geschichte. Er sagt:

"Du hast gelernt von anderen und deren Wissen
angehäuft;
Und du hast dein Gesicht bemalt mit Rouge, ausgeliehen
von anderen;
Du suchst Ruhm und Ehre, indem du andere
nachahmst;
Ich weiß nicht, ob du "du selbst" bist oder das "Selbst
eines anderen".
Dein Verstand ist gekettet an die Gedanken anderer;
Ja, selbst dein Atemhauch stammt aus den Saiten
anderer.
Ausgeliehene Reden fließen von deiner Zunge,

Geborgte Sehnsüchte sind in deinem Herzen,
Dein Kanarienvogel singt geliehene Lieder,
Deine Zypressen sind in geborgte Rinde gehüllt.
Der Wein in deinem Becher - von anderen bekommst du ihn,
Ja selbst den Becher leihst du dir von anderen aus.
Du bist eine Sonne, betrachte dich nur einmal selbst!
Suche dein Licht nicht von den Sternen anderer zu erlangen.
Wie lange noch wirst du um die Kerze der Verschwörer tanzen*?
Entzünde endlich doch dein eigenes Lieht, wenn du ein Herz dein eigen nennst!"

Wir sehen daraus, daß Iqbal grundsätzlich gegen eine "geborgte Erziehung" war und sich leidenschaftlich dafür einsetzte, daß jenes Erziehungssystem übernommen werde, daß ein Produkt unserer eigenen Geschichte und Kultur ist und das sich in Einklang befindet mit unseren Überlieferungen und Idealen. Das ist auch genau die Einstellung, die von führenden Erziehungsfachleuten unserer Tage propagiert wird. John Dewey meint: "Da Erziehung ein sozialer Prozeß ist und es mehrere Arten von Gesellschaftsordnungen gibt, muß - das versteht sich von selbst - als Kriterium für erzieherische Kritik und Aufbauarbeit *ein ganz bestimmtes gesellschaftliches Ideal* herangezogen werden."[11]

---

* Eigentlich "der Versammelten", ich verstehe hierunter die, die sich zusammengetan haben, um die islamische Kultur zu unterminieren. In der deutschen Übertragung mußte ansonsten leider mehr Wert auf wortgetreue Wiedergabe als auf die poetische Schönheit der Iqbalschen Dichtung gelegt werden.

Professor Niblett drückt es sehr schön aus, wenn er sagt:

“Sie (Erziehung) ist eine Fortsetzung des Prozesses des Heranwachsens zu einem wirklichen menschlichen Wesen, der physisch in den neun Monaten vor unserer Geburt stattfand. *Doch nun ist die Kultur der Gesellschaft der Mutterleib und es ist der Geist und nicht der Körper, der ausgetragen wird.* “[12]

Professor Clarke stellt folgende wichtige Betrachtung an:

“Denn, was immer Erziehung auch sonst bedeuten mag, in erster Linie muß sie Selbst-Fortsetzung einer anerkannten Kultur bedeuten - einer Kultur, die das Leben einer bestimmten Gesellschaft ist.”[13]

Und der amerikanische Erziehungs-Experte Dr. J. B. Conant sieht die Sache von einem nach anderen Gesichtspunkt aus, wenn er sagt:

“Ich glaube nicht, daß Erziehungs-Praktiken ein exportierbarer Artikel sind. Ich fürchte, eine gegenteilige Annahme hat sich in gewissem Umfang aus unserem Umgang mit Deutschland und Japan ergeben. *Zu bestimmten Zeiten unserer Geschichte haben Versuche, ein britisches oder europäisches Konzept zu importieren, eher Schaden angerichtet als Gutes bewirkt.”*[14]

Aus den obigen Ausführungen ergibt sich eindeutig die Tatsache, daß Erziehung unlöslich mit der Kultur und den gesellschaftlichen Idealen eines Volkes verbunden ist und daß jeder Versuch, eine Trennung zwischen beiden herbeizuführen, den eigentlichen Zweck der Erziehung zunichte machen wurde. Erziehung muß die Kultur eines Volkes widerspiegeln und sollte sie für die künftigen Generationen bewahren.

Erziehung, die der Kultur und den Idealen einer Gesellschaft gegenüber eine neutrale, gleichgültige Haltung einnimmt, wird sich als zersetzende Kraft auswirken und das Sozialgefüge dieser Gesellschaft zerstören. Erziehung fügt einer Gesellschaft mehr Schaden als Gutes zu, wenn sie deren Kultur nicht darstellt und verkörpert.

III.

Das Versagen der liberalen Erziehung

Das moderne Konzept der liberalen Erziehung - teilweise gleichzusetzen mit der zeitweise so beliebten antiautoritären Erziehung - ist das genaue Gegenteil der vorstehend behandelten Einstellung. Ursprünglich war liberale Erziehung die Art von Erziehung, die dem freien Menschen gegenüber für passend gehalten wurde, zum Unterschied der für die Sklaven oder Leibeigenen angemessenen. Die Griechen ebenso wie die Römer betrachteten die *freien Künste* als dem Status des freien Bürgers entsprechende Studienobjekte. In der Epoche des Mittelalters herrschte dieselbe Meinung vor. Die freien Künste wurden in zwei Gruppen - Trivium und Quadrivium - unterteilt, die aus Grammatik, Rhetorik und Logik bestanden beziehungsweise aus Arithmetik, Geometrie, Astronomie und Musik.

In der Neuzeit nahm die liberale Erziehung allmählich eine immer weniger zweckbetonte und statt dessen neutralere Haltung den Idealen gegenüber ein. Individualismus wurde auf Kosten aller anderer Überlegungen betont. Erziehung wurde von Religion und moralischen Werten getrennt. Freiheit wurde zum Schlagwort. Für Unterrichtsfächer und Lehrplan wurde das System der Wahlfächer eingeführt. Es wurde erklärt, daß einem Studenten genügend Freiheit eingeräumt werden müsse, damit er entsprechend seiner latenten Fähigkeiten heranwachsen und sich entwickeln könne und daß es keinen Einflüssen von außen gestattet sein dürfe, seine Denkweise und seinen Charakter in bestimmte Formen zu pressen. Diese Art der Erziehung verbreitete sich allgemein in den Vereinigten Staaten und gewann auch in den europäischen Ländern immer mehr an Boden.

Die Ergebnisse, die die liberale Erziehung gezeitigt hat, sind keineswegs ermutigend. Einige der wesentlichen Auswirkungen sind folgende:

a) Der Erziehung ist es nicht gelungen, unter den Studenten soziale Ideale zu entwickeln. Und wenn ein Volk keine Ideale besitzt, die es zu Taten und Opfern anspornt, verliert es allmählich seine Herrschaft über die Geschichte, woraus sich sein Niedergang ergibt. In Iqbals Worten:

> "Das Leben des Einzelnen hängt ab von der Verbindung zwischen Körper und Seele,
>
> Das Leben des Volkes hängt ab von der Bewahrung seiner Tradition und Kultur;
>
> Der Einzelne stirbt, wenn sein Lebensfluß versiegt,
>
> Das Volk stirbt, wenn sein Lebensideal mit Füßen getreten wird."

b) Dieser Erziehung gelingt es nicht, den 'Herzen und Seelen der neuen Generationen moralische Werte einzuflößen. Sie befaßt sich nur mit den geistigen Anforderungen und versagt in der Vorsorge für die seelischen Bedürfnisse. Die dadurch entstehende Gabelung zwischen beiden Bereichen zieht einen großen nationalen Verlust nach sich. Wie Iqbal sagt:

> "Wissen ist eine (giftige) Schlange für dich, wenn du es benutzt um (lediglich) dein körperliches Wohl zu fordern.
>
> Wenn Wissen zur Befreiung der Seele verwendet wird, dann ist es dein bester Freund."

c) Diese Art der Erziehung hat zur Wissens-Unterteilung geführt. Es ist der liberalen Erziehung nicht gelungen, die einzelnen Wissensbereiche zusammenzufassen und zu einem folgerichtigen Ganzen zu vervollständigen. Die Studenten beginnen, das Leben und die Welt in kleinen, voneinander unabhängigen Bruchstücken zu sehen und es gelingt ihnen nicht, einen Sinn für ihre Einheit und Gesamtbedeutung zu entwickeln.

d) Die liberale Erziehung bringt letzten Endes Menschen hervor, die die grundsätzlichen und brennenden Lebensfragen nicht mehr in der Hand haben. Im praktischen Leben erweist es sich, daß ihr Wissen zu oberflächlich ist, um irgendwelche Erfahrungswerte zu enthalten. Vom nationalen Gesichtspunkt aus betrachtet wird eine solche Erziehung ihrem Zweck in keiner Weise gerecht.

Die grundsätzlichen Nachteile der modernen liberalen Erziehung zeigen sich jetzt immer deutlicher. Dr. Frank Adylotte sagt über die amerikanische Erziehung: "Die ausschließliche Beschäftigung mit Techniken, wobei die Mittel im Widerspruch zum Zweck stehen, beraubt das

Studium der Literatur oder Philosophie, der Geschichte oder der Religion völlig des liberalen Elements."[15] Der berühmte Gesellschafts-Philosoph Walter Lippmann sagt in einer Rede über den "Stand der Erziehung in dieser leidgeprüften Welt":

> "Die Schulen und Universitäten haben Menschen in die Welt hinausgeschickt, die das schöpferische Prinzip der Gesellschaft, in der sie leben müssen, nicht mehr verstehen . . . Ihrer kulturellen Tradition beraubt, besitzen die jüngst ausgebildeten Menschen im Westen weder in der Form noch in der Substanz ihres eigenen Geistes und ihrer Gesinnung die Ideen, die Voraussetzungen, die Grundprinzipien, die Logik, die Denkmethoden, die Wertvorstellungen der Westlichen Zivilisation . . . Die gegenwärtige Erziehung ist, falls so weitergemacht wird, dazu ausersehen, die westliche Zivilisation zu vernichten, ja sie ist tatsächlich bereits dabei, sie zu zerstören."[16]

Dr. Albert G. Sims, Vizepräsident des Instituts für Internationale Erziehung, schreibt in einem seiner Artikel:

> "Das Hauptproblem beim Erziehungssystem der Vereinigten Staaten von dem auch alle anderen berührt werden, ist das der klaren Definition ihrer Ziele und ihrer Philosophie, sowie deren Umsetzung in die Tat. Es ist keine Antwort darauf, wenn gesagt wird, daß das Erziehungssystem in dieser Hinsicht die Gesellschaft widerspiegelt, der es dient. Erziehung ist gleichzeitig das Mittel, mit dem eine Gemeinschaft ganz bewußt die Vorstellung über ihre Zukunft vorausplanen muß."[17]

Die Rockefeller - "Reports on U. S. Education" weisen eindeutig auf diesen Mangel hin:

> "Sie (die Studenten) möchten ihrem Leben einen Sinn geben. Wenn ihre Epoche, ihre Kultur und ihre Lehrer ihnen den höheren Sinn, die großen Ziele, die festen Überzeugungen nicht geben können oder wollen, dann werden sie sich mit hohlen und trivialen Dingen abfinden. Menschen, die ohne Ziel dahinleben, die es zulassen, daß die Suche nach dem Sinn ihres Lebens sich mit zweifelhaften und unechten Erfahrungen zufriedengibt, sind einfach nicht, von irgendwelchen Alternativ-Angeboten berührt worden - vom religiösen Sinn des Lebens, von ethischen Werten, sozialen Ideen und staatsbürgerlichen Pflichten, oder von hohen Anforderungen an die Selbstverwirklichung. Das sind Unzulänglichkeiten, für die wir alle die Verantwortung tragen.
>
> Wir müssen davon ausgehen, daß Erziehung ein Prozeß ist, der mit Sinn und Zweck erfüllt sein sollte; daß jeder tiefgehende Überzeugungen haben sollte; daß jeder junge Mensch den Wunsch haben muß, den Werten zu dienen, die seine Entwicklung und seine Erziehung ermöglicht haben, ebenso wie seine Freiheit als Individuum."

In dem Buch "Die Krise an der Universität", das aus einer Studienreihe in England entstanden ist, sagt Dr. Walter Moberly:

> "Unsere mißliche Lage besteht darin: die meisten Studenten durchlaufen unsere Universitäten ohne je gezwungen worden zu sein, ihren Geist an den Dingen zu schulen, die wirklich von Bedeutung sind.

Unter dem Einfluß akademischer Neutralität werden sie unmerklich darauf abgerichtet, gedankenlos den sozialen und politischen Status quo hinzunehmen, ebenso wie eine Verweltlichung, über die sie nie ernsthaft nachgedacht haben. Als Folge der Zersplitterung des Studiums, wie sie sich inzwischen durchgesetzt hat, werden sie nie dazu herausgefordert, sich verantwortlich für ein Lebensziel zu entscheiden noch sind sie darauf vorbereitet, eine solche Entscheidungweise zu treffen . . . Im Grunde sind sie ungebildet."[18]

Professor Harold H. Titus schreibt nach Untersuchung der erzieherischen Gesamtperspektive:

"Ernster noch als der Mangel an einem gemeinsamen Wissensvorrat ist das Fehlen gemeinsamer Ideale und Überzeugungen. Erziehung versagt allzu oft beim Aufbau lebensnotwendiger Bestätigungen, Überzeugungen und Disziplin. Es hat eine gefährliche Trennung zwischen Wissenschaft und Forschung und den menschlichen Werten und Loyalitäten gegeben . . . Die Erziehung hat sich losgesagt vom geistigen Erbe der Vergangenheit und es dabei versäumt, irgendeinen angemessenen Ausgleich dafür anzubieten. Folglich stehen selbst gebildete Menschen ohne Überzeugungen, ohne einen Sinn für echte Werte und ohne eine tragende Weltanschauung da."[19]

M. V. C. Jaffreys stimmt folgende Klage an:

"Die ärgste Schwäche der modernen Erziehung ist die Unsicherheit über ihre Ziele. Ein Blick in die Geschichte ruft uns in Erinnerung, daß die lebensfähigsten und wirkungsvollsten Erziehungssysteme ihre Ziele ganz klar ins Auge gefaßt haben, und zwar in Form von persönlicher Eignung und sozialen Gegebenheiten. Spartanische, feudale, jesuitische, nationalsozialistische und kommunistische Erziehungsexperten haben dies miteinander gemeinsam: sie wußten was sie wollten und glaubten daran. Im Gegensatz dazu ist die Erziehung in liberalen Demokratien in ihrer Zielsetzung erschreckend undurchsichtig."[20]

Diese neuen Gedankenströmungen zeigen ganz klar, daß das Konzept der ideologischen Neutralität im Abflauen begriffen ist. Es gibt gar keinen Zweifel, daß dieses Konzept schädlich ist für Kultur und Fortschritt.

IV.

Zweck der Erziehung

Erziehung sollte also ideologisch ausgerichtet sein. Sie ist ein Mittel zum Zweck und nicht ein Endzweck für sich. Der Endzweck ist die Ideologie und die Kultur des Volkes, dem sie dient.

"Das Leben ist voll der Reichtümer durch die Ideale,
Der Verstand ist einer von ihnen, geboren aus dem
Inneren des Leibes.
Das Leben wird erhalten durch Absicht und Gedanken;
Dem Ziel zuliebe erklingt sein Karawanen-Glöcklein."

Die Erziehung muß jene Ideale und Ansichten weiterzugeben vermögen, für die ein Volk eintritt. Erhaltung und Förderung der Religion und Kultur des Volkes sollte Zweck der Erziehung sein.

A. N. Whitehead verleiht dieser Meinung Nachdruck, wenn er sagt:

> "Das Wesentliche an der Erziehung ist, daß sie religiös ausgerichtet sein muß."[21]

Iqbal vertrat die Ansicht, daß der Islam der Sinn unseres Lebens und unserer Erziehung sein sollte. Er schreibt in einem Brief an K. G. Saiyidain:

> "Unter 'Ilm' verstehe ich das Wissen, das auf Empfindungen basiert. Für gewöhnlich habe ich das Wort genau in diesem Sinn verwendet. Dieses Wissen bringt physische Kräfte hervor, die dem 'Din', (das heißt der Religion des Islam) dienlich sein sollten. Wenn es nicht dem 'Din' förderlich und damit untergeordnet ist, ist es dämonisch, ganz klar und einfach ausgedrückt . . . Es ist Pflicht der Muslime, das Wissen zu islamisieren. `Abu Lahab sollte sich in Haider metamorphisieren, also verwandeln.' Wenn dieser Abu Lahab Haider-e-Karrar wird, oder in anderen Worten, wenn es (das heißt das Wissen und die Kräfte, die ihm zu Gebote stehen) dem 'Din' untergeordnet wird, dann würde es zu einem ungetrübten Segen für die Menschheit werden."[22]

Aus diesen Bemerkungen Iqbals geht eindeutig hervor, daß er die Erziehung ideologisch ausrichten wollte und das Wissen und die Erziehung als satanisch ansah, die der Religion gegenüber eine neutrale Haltung einnehmen. In seiner berühmten "Presidential Address", einer im Jahr 1930 gehaltenen Ansprache, sagt er:

> "Wenn Sie heute Ihre Blicke auf den Islam richten und aus dem ständig neu belebenden Gedankengut, das er verkörpert, Ansporn und Begeisterung zu erlangen suchen, so fassen Sie damit nur Ihre in alle Winde zerstreuten Kräfte wieder zusammen, gewinnen Ihre verlorengegangene Integrität zurück und bewahren sich dadurch vor vollständiger Vernichtung."[23]

Und er sagt gleichfalls:

> "Drücke deinem Herzen den Stempel des bewußten Tauhid* auf, Suche die Lösung deiner Probleme durch Festhalten an deinen Traditionen."

Es sollte also vorrangiger Zweck der Erziehung sein, die Schüler und Studenten mit Begeisterung für ihre Religion und ihre Ideologie zu erfüllen. Sie sollten lernen, was Sinn und Zweck des Lebens ist, welchen Platz der Mensch in der Welt einnimmt, welche tiefe Bedeutung die Begriffe der Einheit Gottes, des Prophetentums und des Lebens nach dem Tode haben und wie sie sich auf das Leben des Einzelnen und der Gemeinschaft auswirken, welches die islamischen Wertmaßstäbe für Ethik und Moral sind, was das Wesen und den Inhalt der islamischen Kultur ausmacht und was die Pflichten, die Aufgaben und die Berufung eines Muslims sind. Die Erziehung sollte Menschen hervorbringen, die tief verwurzelte Überzeugungen in Bezug auf die islamischen Ideale des Einzel- und Gemeinschaftslebens besitzen. Sie sollte in ihnen die 'islamische Lebenseinstellung' entwickeln, aus der heraus sie dann ihren eigenen Weg im Lichte der islamischen Führung gestalten.

---

* Bekenntnis zur Einheit Gottes

Der Koran sagt, daß gebildete Menschen Zeugen der Wahrheit sind. Erziehung, die dazu bestimmt ist, 'gebildete Menschen' hervorzubringen, sollte die Kultivierung des Wissens über den Islam als ihre Hauptaufgabe betrachten. Im Koran heißt es:

> "Allah bezeugt, daß es keinen Gott gibt außer Ihm - und (so) die Engel und jene, die Wissen besitzen"[24]

Der Prophet Muhammed (Friede sei mit ihm) hat gesagt:

> "Gebildete Menschen und Mudschahidin (diejenigen, die für Gottes Sache kämpfen) stehen den Propheten in ihrem Rang am nächsten: denn die gebildeten Menschen unterweisen das Volk in den Idealen und Aufgaben, zu deren Verwirklichung die Propheten gesandt worden sind, und die Mudschahidin führen das Schwert für diese Sache."

Nun erhebt sich die Frage: was ist die Mission, um derentwillen die Propheten gesandt worden sind; eine Mission, die von gebildeten Menschen und den Schulen zu erfüllen ist, die diese gebildeten Menschen hervorzubringen haben? Nach den Worten des Korans ist diese Mission die Verbreitung der Botschaft des Islam und die Errichtung einer gerechten und gesunden Gesellschaftsordnung. Der Koran sagt:

> "Er ist es, der unter den Unbelehrten einen Gesandten erweckt hat aus ihrer Mitte, ihnen Seine Zeichen vorzutragen und sie zu reinigen und sie die Schrift und die Weisheit zu lehren, wiewohl sie zuvor in offenkundigem Irrtum waren,"[25]

Und:

> "Wahrlich, Wir schickten Unsere Gesandten mit klaren Beweisen und sandten mit ihnen das Buch und die Waage, auf daß die Menschen Gerechtigkeit üben möchten (und das rechte Maß)."[26]

Dementsprechend ist im Rahmen der islamischen Kultur die grundlegende Aufgabe der Erziehung *die Erfüllung der prophetischen Obliegenheiten: die Menschen in der Religion des Islam zu unterweisen, sie mit dem Geist und den Idealen dieser Religion zu erfüllen und sie auf ein voll entfaltetes Leben vorzubereiten.*

Dieses Ziel muß erreicht werden, indem das gesamte Erziehungsprogramm vom Geist der islamischen Ideologie getragen wird. Die Zusammenstellung und Einführung neuer Bücher muß unter diesem Gesichtspunkt vorgenommen werden. Eine Neubearbeitung des gesamten Lehrplans wird erforderlich sein, ebenso wie die Schaffung einer Atmosphäre, die der Erreichung dieser Ziele förderlich ist. Es wird auch notwendig sein, daß beim Unterricht zu jedem Fach - und das trifft ganz besonders auf die verschiedenen Formen von Sozialkunde zu - den Studenten der islamische Standpunkt erläutert wird und daß in jedem Stadium ihrer Ausbildung nachdrücklich Wert darauf gelegt wird, ihr ethisches Verantwortungsgefühl zu wecken. Das ist meiner Ansicht nach der wirkliche Zweck der Erziehung.

V.

Individualismus und Sinn für die Gemeinschaft

Eine Frage von grundsätzlicher Bedeutung in der Erziehung ist, welcher Wert auf die Entwicklung der Individualität des Schülers zu legen ist. Hierzu gibt es eine Reihe sich widersprechender Theorien. Einige messen der Entwicklung der Individualität fundamentalen Wert bei und legen kein besonderes Gewicht auf die Entfaltung des Gemeinschaftssinns und einer Gesamtverantwortlichkeit. Auf der anderen Seite gibt es einige Theorien, denen zufolge Anpassung an die gesellschaftliche Norm von fundamentalem Wert ist, während auf die Entwicklung der Persönlichkeit des Einzelnen kein Nachdruck gelegt wird. Beide Extreme sind falsch und unrealistisch. Es ist eines der einzigartigen Merkmale des Islam, daß er das Gleichgewicht zwischen Individualismus und Kollektivismus herstellt. Wir finden hier den Glauben an die individuelle Persönlichkeit des Menschen und an die persönliche Verantwortung und Verpflichtung, Gott gegenüber Rechenschaft abzulegen. Die Grundrechte des Einzelnen werden garantiert und daran darf niemand rütteln. Die echte Entfaltung der menschlichen Persönlichkeit ist im Islam eine der Hauptaufgaben der Erziehungspolitik. Hier wird nicht die Ansicht vertreten, daß der Mensch im Gesellschafts-Kollektiv oder im Staat seine Persönlichkeit zu verlieren hat.

Im Koran heißt es:

> "Der Mensch soll nichts empfangen, als was er erstrebt."[27]

"Was euch an Unglück treffen mag, es erfolgt ob dessen, was eure Hände gewirkt haben."[28]

"Wahrlich, Gott ändert die Lage eines Volkes nicht, ehe sie nicht selbst das ändert, was in ihren Herzen ist."[29]

"Ihr (der menschlichen Seele) wird, was sie verdient, und über sie kommt, was sie gesündigt."[30]

"Uns kommen (bei der Abrechnung) unsere Werke zu, und euch die euren."[31]

Iqbal hat der echten Entfaltung der menschlichen Individualität großen Nachdruck verliehen. Er sagt, daß das koranische Konzept des Ichs "die Individualität und Einmaligkeit des Menschen betont und eine fest umrissene Ansicht, über seine Bestimmung als eine Lebenseinheit hat."[32] In seinem Denken ist die Entwicklung des Ichs von größter Bedeutung. Er verurteilt Nachahmung, weil sie die Individualität des Menschen beeinträchtigt. Er ist gegen Dramen und Schauspiele, weil in ihnen der Darsteller in die Rolle eines anderen schlüpfen muß und weil eine Wiederholung dessen zu einer Ermordung der eigenen Persönlichkeit führt. Er vertritt die folgende Meinung:

„Das Ich ist das Bestimmende der gesamten Stufenleiter des Daseins,

Alles was du siehst entspringt aus den Geheimnissen des Ichs.

Es liegt im Wesen des Ichs, sich zu manifestieren.

In jedem Partikelchen liegen schlummernd die Kräfte des Ichs."

Aus all dem erhellt, daß die Entfaltung der Individualität des Menschen ein Grundelement der Erziehung sein sollte.

Dies ist jedoch nur ein Aspekt des Problems. Andererseits erweckt der Islam auch ein Gefühl der sozialen Verantwortlichkeit im Menschen. Er faßt die Menschen zu einer Gesellschaft und einem Staat zusammen und veranlaßt den Einzelnen, sich für das Wohl der Gemeinschaft einzusetzen. Das Gebet wird im Islam in Gemeinschaft verrichtet, wodurch den Muslimen ein Gefühl für gesellschaftliche Disziplin eingeprägt wird. Jeder wird dazu aufgefordert, Sakat (das heißt Almosen, beziehungsweise eine Art von Steuer für Bedürftige) zu entrichten und im Koran wurde festgelegt: "An ihrem Vermögen haben der Bettler und der in Not Geratene ihren Anteil, der ihnen zusteht" (Koran 51:19). Dschihad, das ist der Kampf für die Sache Gottes, ist den Muslimen zur Pflicht gemacht worden. Das bedeutet, daß der Einzelne, sollten es die Umstände erfordern, sogar sein Leben hingeben sollte für die Verteidigung und den Schutz des Islam und des islamischen Staates. Der Prophet Muhammed (Friede sei mit ihm) hat gesagt:

> "Die ganze Menschheit ist eine Gemeinde, in der jedes Mitglied ein Hüter oder Hirte für alle anderen sein soll und mitverantwortlich ist für das Wohlergehen der gesamten Gemeinde."
>
> "Lebt miteinander, wendet euch nicht gegeneinander, macht euch gegenseitig das Leben leicht und verlegt euch nicht gegenseitig den Weg mit Hindernissen."
>
> "Wer sich selbst sattißt, während sein Nachbar hungert, ist kein (wirklich) Glaubender."
>
> "Ein an Gott Glaubender ist der, der keine Gefahr darstellt für das Leben und das Vermögen irgendeines anderen."

Auch Iqbal betont diesen Gedanken, wenn er schreibt:

> "Der Einzelne ist, was er durch seinen Anschluß an die Gemeinschaft ist.
>
> Er ist ein Nichts ohne diesen Anschluß.
>
> Er ist wie eine Welle im Strom - außerhalb des Stroms gibt es die Welle nicht."

Eine gesunde Erziehungspolitik wird stets auf die Herstellung des Gleichgewichts zwischen der Entfaltung der Einzelpersönlichkeit und dem Gemeinschaftssinn des Schülers ausgerichtet sein. Iqbal sieht das so:

> "Der Einzelne schöpft seine Würde und Ehre aus seiner Nation,
>
> Eine Nation gestaltet sich aus dem Zusammenschluß der Einzelnen."

Die Entfaltung der Persönlichkeit kann nur erreicht werden, wenn das Kind Liebe und Zuneigung erfährt - wobei dem persönlichen Ich bereits ein gewisser Grad von Achtung entgegengebracht werden muß und wenn seinen latent vorhandenen Fähigkeiten ausreichend Gelegenheit zur Selbstdarstellung und Äußerung gegeben wird. Es sollte in einer freiheitlichen Atmosphäre atmen können. Der Schüler sollte im Mittelpunkt der Erziehung stehen und es sollten ihm alle Wege zur Entfaltung seiner schöpferischen Fähigkeiten und seiner angeborenen Talente und Neigungen geebnet werden. Die Lehrer sollten ihn lenken und ihm helfen bei den Bemühungen, seine Persönlichkeit zu entfalten, aber sie sollten ihn nicht so sehr in ihren Schatten stellen, daß er zum Spiegelbild der Persönlichkeit des Lehrers wird. In den verschiedenen Lebensbereichen des Kindes und in seinen Beschäftigungen sollte es keine aufgezwungene Auswahl geben. Vielmehr muß es die Chance bekommen, selbst seine Wahl zu treffen. Die Atmosphäre in der Schule sollte von einem freiheitlichen Geist erfüllt sein, denn nur dann ist eine wirkliche Entfaltung der Persönlichkeit des Schülers möglich.

Doch das große Gewicht, das der Persönlichkeit beigemessen wird, bedeutet nicht, das der Gemeinschaftssinn und die Gesamtverantwortlichkeit der Schüler mangelhaft entwickelt sein darf. Von Anfang an müssen ihnen die guten Eigenschaften des Sozialbewußtseins und des Verantwortungsgefühls nahegebracht werden, ebenso wie sie auf ein gesundes Gemeinschaftsleben und ihre Verantwortung als Bürger vorbereitet werden müssen.

VI.

Die Notwendigkeit eines allumfassenden Wissens

Ein weiterer Grundsatz der Erziehung ist, daß die Schüler ein ausgewogenes und allumfassendes Wissen vermittelt bekommen müssen. Sie sollten in der Lage sein, die Einheit des Universums und des Lebens in der Mannigfaltigkeit der Erscheinungsformen des irdischen Daseins zu erkennen und sich zu vergegenwärtigen. Im "Report of the University Education Commission of India" heißt es: .

> "Der Zweck jeglicher Erziehung ist - darüber sind sich Denker und Philosophen in Ost und West einig - ein einheitliches Bild des Universums und eine allumfassende Lebensform darzubieten. Wir müssen durch sie einen Sinn für die richtige Perspektive,

eine vergleichende Übersicht über die verschiedenen Wissensbereiche vermittelt bekommen. Der Mensch kann nicht anhand einer Menge von unzusammenhängenden Informationen leben. Er hat eine Vorliebe für einen geordneten, vernünftigen Überblick über die miteinander verbundenen Dinge des Lebens. Das Leben ist in all seinen unterschiedlichen Manifestationen eine Einheit. Wir mögen den ursächlichen Zusammenhang zwischen den einzelnen Erscheinungsformen untersuchen, doch wir müssen eine feste Wissensgrundlage über das Leben in seiner Gesamtheit haben. Das Wissen darf nicht aus einer Ansammlung von verwirrenden Bruchstücken bestehen, sondern es muß ein harmonisches Ganzes bilden."[33]

Der Islam tritt für den goldenen Mittelweg ein und sein Ideal ist die Entfaltung einer ausgewogenen Persönlichkeit. Ausgeglichenheit im Denken und Handeln ist nach den Worten des Propheten Muhammed (Friede sei mit ihm) eines der bezeichnenden Merkmale des Prophetentums. Die Erziehung sollte deshalb ganz besonders darauf ausgerichtet sein, daß dem Schüler eine breite Perspektive auf alle Wissensgebiete eröffnet wird und daß er dem Leben und seinen Problemen gegenüber eine ausgewogene Haltung einnimmt, bevor er sich in das Stadium der Spezialisierung begibt.

Darüber hinaus sehen wir, daß der Islam Wissen als ein allumfassendes und in Wechselbeziehung stehendes Ganzes betrachtet. Dies ergibt sich aus der Tatsache, daß der Koran die Hauptquelle allen Wissens ist und daß es dieses Buch ist, das Ansichten und Einstellung all jener formt, die nach Wissen suchen, auf welches Forschungsgebiet sich diese Suche auch erstrecken mag. Dies bringt uns ganz von selbst zum Begriff des allumfassenden Wissens. Wissen kann nicht in kleine, unzusammenhängende Bruchstücke aufgeteilt bleiben, sondern es muß zu einem einzigen Ganzen zusammengefaßt werden. Damit werden gleichzeitig die Übel der Zersplitterung und Unterteilung ausgeräumt. Es dürfte eher mit einer Ideallösung übereinstimmen, wenn mit der Spezialisierung erst in einem fortgeschrittenen Stadium der Ausbildung begonnen wurde. In den Anfängen sollte die Erziehung noch nicht auf eine bestimmte Richtung beschränkt sein. Damit wird viel dazu beigetragen, die Weltanschauung der Jugendlichen auf eine breite Basis zu stellen und in ihnen die gute Eigenschaft der intellektuellen Toleranz heranreifen zu lassen.

VII.

Charakterbildung

Iqbal meint:

> "Ach, weder der Geistliche noch der Jurist macht sich klar, daß Einheit des Denkens unvollkommen ist ohne Einheit des Charakters."

Die Erziehung muß ganz besonderen Nachdruck auf die Formung des kindlichen Charakters legen. Wenn sie sich nicht bemüht, auch einen guten Charakter heranzubilden, wird sie ihrem tatsächlichen Zweck nicht gerecht. "Charakter-Schulung", sagt Professor W. O. Lester Smith, "hängt eng zusammen mit dem Begriff der Schule als einer Gemeinschaft."[34] Diese Ansicht wird jetzt auch von anderen nachdrücklich betont.

Im Islam kommt den guten Taten größte Bedeutung zu. Immer wieder wird im Koran hervorgehoben, wie wichtig das Hand in Hand Gehen des echten Glaubens mit der guten Tat ist. Die Reinhaltung des Lebens und der Seele des Menschen wird als eine der fundamentalen Aufgaben der Propheten bezeichnet.

Es ist eine psychologisch begründete Tatsache, daß die charakterlichen Grundzüge in den frühen Lebensjahren festgelegt werden und daß Schule und Universität eine wichtige Rolle beim Aufbau des menschlichen Charakters spielen. Der Erziehung obliegt es, den Charakter des Menschen zu formen. Und der Erziehung obliegt es auch, den Charakter des Kindes nach islamischem Muster heranzubilden. Al Ghasali sagt: "Erziehung darf nicht nur darauf angelegt sein, den jugendlichen Verstand mit Wissen anzufüllen, sondern muß gleichzeitig die charakterliche Moral des Kindes fördern und es dazu anspornen, am Gemeinschaftsleben Anteil zu nehmen." Als charakterliches Ideal haben wir den Propheten Muhammed (Friede sei mit ihm) vor Augen geführt bekommen sowie dessen Gefährten. Im Koran heißt es: "Wahrlich, ihr habt an dem Propheten Gottes ein schönes Vorbild, (dem ihr folgen könnt)"[35].

In allen Stadien der Erziehung sollten die Schüler lernen, was für ein beispielhaftes Leben der Prophet und seine Gefährten geführt haben. Der Lehrer sollte anhand seiner eigenen vorbildlichen Lebensführung und seines Verhaltens das Kind dazu anregen, gut und anständig zu leben, ebenso wie die Atmosphäre an den Hochschulen der Charakterbildung förderlich sein sollte. Nur auf diese Weise können wir wahrhaft gläubige Menschen hervorbringen, wie es dem Geiste des Buches Gottes entspricht.

VIII

Ein erfülltes Leben

Der Islam tritt nicht für Selbstverleugnung, sondern für ein erfülltes Leben ein. Das heißt, daß unsere Erziehung die jungen Menschen auf das Leben vorbereitet, sie für alle Lebensbereiche ausbilden und für die vielfältigen gesellschaftlichen Notwendigkeiten Vorsorge treffen muß.

Der Islam lehnt die Entsagung ab. Er verlangt, daß die Menschen aufrecht und mit Würde den rauhen Lebenskampf bestehen. Der Koran lehrt uns, nach dem Besten in dieser Welt und nach dem Besten im Jenseits zu streben. Gott geht streng mit denen zu Gericht, die sich weigern, Seine Wohltaten zu genießen. Im Koran lesen wir.:

> „O, die ihr glaubt, macht nicht die guten Dinge, die Gott euch erlaubt hat, zu etwas Unerlaubtem."[36]

> "Und esset von den erlaubten, guten Dingen, die Gott euch bereitet hat (doch übertretet nicht das vernünftige Maß)."[37]

Im Islam wird großer Wert darauf gelegt, daß der Mensch arbeitet. Das Betteln um milde Gaben und Unterstützung ist dem, der arbeiten kannte, verboten, während für die Bemühungen, ehrliche Arbeit zu leisten, große Belohnung versprochen wird. In einer Überlieferung heißt es: "Gott liebt die Hand, die zur Erlangung des Lebensunterhaltes arbeitet." Der Islam möchte jedem die Möglichkeit bieten, sich das tägliche Brot zu verdienen und der Prophet Muhammed (Friede sei mit ihm) hat sogar gesagt: "Hunger zu leiden kommt nahe heran an Unglauben."

Iqbal meint:

"Jeder, der die physikalische Welt erobert,

Errichtet eine neue Welt aus einem Atom.
Verleih' deiner Suche Kraft durch angewandte Findigkeit,
Erobere die Welten des eigenen Ichs und des Kosmos."

Iqbal glaubt an eine Erziehung, die Lebensbehauptung und die Eroberung der Welt lehrt und nicht an eine, die zur Selbstverleugnung führt. Dazu sagt er:

"Nur das ist wirklich vorhanden, was sagen kann, ich bin'. Es ist der Grad der, ich bin'-Intuition, der den Platz einer Sache in der Skala des Seienden bestimmt."[38]

Über die Erziehung sagt er ganz ausdrücklich:

"Wissen ist ein Instrument zur Erhaltung des Lebens,
Wissen ist ein Mittel zur Entfaltung des Ichs;
Wissenschaft und Kunst sind Diener des Lebens:
Sklaven - geboren und herangebildet in seinem Haus."

Aus dem Vorgesagten können wir demnach als weitere Aufgaben der Erziehung die folgenden ableiten:

a) Die Erziehung sollte den Menschen in die Lage versetzen, ehrlich, gerecht und auf vernünftigem Wege seinen Lebensunterhalt zu verdienen,

b) Die Erziehung sollte bemüht sein um die wirtschaftlichen, sozialen, wissenschaftlichen und technologischen Belange der Gemeinschaft. Sie darf sie nicht nur in keiner Weise vernachlässigen, sondern muß sich ganz nachdrücklich für ihre Forderung einsetzen.

c) Der Erziehung sollte ein praktisches und berufungsmäßiges Schwergewicht zugeordnet werden, damit jeder wirtschaftliche Sicherheit und soziale Unabhängigkeit erreichen kann.

Ein Erziehungssystem, das entsprechend dieser Aufgabenstellung eingerichtet wird, verkörpert die Bestrebungen des Islam und wird sich als Wohltat für die Menschheit erweisen.

LITERATUR

1. Koran 2:31: "Und Er (Gott) lehrte Adam alle Namen. . .", d. h. Gott lehrte Adam. Jedes Ding mit seinem Namen zu bezeichnen (Paret).
2. Koran 11 247: "Und ihr Prophet sprach zu ihnen: ‚Gott hat den Talut (Saul) zum König über euch gesetzt,' Sie sprachen: ‚Wie kann er Herrschaft über uns halten, wo wir doch der Herrschaft würdiger sind als er und ihm nicht Fülle des Reichtums beschieden ist?' Er sprach: ‚Wahrlich, Gott hat ihn erwählt über euch und hat ihn gemehrt an Wissen . .' "
3. Siehe: Durant, Will. "The Story of Civilisation" Band I.
4. Shiply, Joseph T., "Dictionary of Word Origins", Ames, Iowa, 1957, Seite 114.
5. Mill, John Stuart, "Eröffnungsansprache" als Rektor der St. Andrew's Universität. 1867, siehe Smith, W. O. Lester, "EDUCATION" Pelican, 1958, Seite 9.
6. Milton, John, "Areopagitica and other Prose Works", Everyman's library, Seite 46.
7. Dewey, John, "Democracy and Education", angeführt Ion Hughes, A. G. und Hughes, E. H., in "Education: Some Fundamental Problems", Longmans, London, 1960, Seite 81.
8. Park. Dr. Joe, "Introduction", Selected Readings in the Philosophy of Education, Macmillan, New York, 1958, Seite 3.
9. Horne Herman H., "The Philosophical Aspects of Education", ebenda, Seite 176.
10. Niblett, W. R., "Education and the Modern Mind", angeführt Ion Hughes, "Education: Some Fundamental Problems", siehe oben, Seite 82.
11. Dewey, John, "Democracy and Education", Macmillan, Seite 115.
12. Niblett, W. R. "Education and Modern Mind", zitiert von Hughes in "Education: Some Fundamental Problems", Seite 84.
13. Clarke, "Year Book of Education", 1936, Seite 249.
14. Conant, Dr. J. B., "Education and Liberty", Harvard University Press, 1953, Seite 2.

15. Adylotte, Frank, "Breaking the Academic Lock Step", Harper and Brothers, New York, 1944, Seite 7.
16. Lippman, Waiter, "The State of Education in This Troubled World", Vital Speeches for the Day, Jan. 15, 194 1, Seite 200.
17. Current History, Sept. 1958, Seite 174.
18. Moberly, Sir Waiter, "The Crisis in the University", London, 1949, Seite 70.
19. Titus, Harold H., "Living Issues in Philosophy", New York, 1953, Seiten 420-21.
20. M. V. C. Jaffreys, Glaneon, "An Inquiry in the Aims of Education" Pitman. London,1950, Seite 61.
21. Siehe Hughes, "Education:Some Fundamental Problems", Seite 86.
22. Saiyidain, K. G., "Iqbal's Educational Philosophy", Lahore, 1942, Seite 99.
23. Iqbal, "Statements and Speeches", Lahore, 1948, Seite 35-35.
24. Koran 3:18
25. Koran 62:2
26. Koran 57:25
27. Koran 53:39
28. Koran 42:30
39. Koran 13:11
30. Koran 2:286
31. Koran 28:55
32. Iqbal, Sir Muhammad "Reconstruction of Religious Thought in Islam", Seite 90.
33. "The Report of the University Education Commission", Dez. 1948 - Aug. 1949, Band 1, Government of India Press, Delhi, Seite 34.
34. Smith, W. O. Leser, "Education: An Introductory Survey", Pelican, 1958, Seite 25.
35. Koran 33:21
36. Koran 5:90
37. Koran 5:91
38. Iqbal, "Reconstruction of Religious Thought in Islam", Seite 53.

SCHRIFTENREIHE DES ISLAMISCHEN ZENTRUMS MÜNCHEN

Wallnerstr. 1-5, D-80939 München e-mail: buchversand@i-g-d.de

Nr. 1 Prophetengeschichten für Kinder
Nr. 2 Islam in unserer Zeit
Nr. 3 Grundsätze der islamischen Erziehung
Nr. 4 Zamzam. Geschichte eines Brunnens
Nr. 5 Das Fasten
Nr. 6 Zakat
Nr. 7 Muhammad
Nr. 8 Islam und Umwelt
Nr. 9 Sure Al-Fatiha (Die Eröffnung)
Nr. 10 Zum Thema Kopftuch (Nicht mehr lieferbar, ersetzt durch Nr. 29)
Nr. 11 Da'wa unter Nichtmuslimen
Nr. 12 Die islamische Deklaration der Menschenrechte
Nr. 13 Bittgebete des Islam aus dem Heiligen Koran
Nr. 14 Vierzig Heilige Hadithe
Nr. 15 Wallfahrt nach Mekka
Nr. 16 Dieser Glaube der Islam
Nr. 17 Islamische Lebensweise
Nr. 18 Der Islam und Jesus
Nr. 19 Der Islam. Geschichte, Religion, Kultur
Nr. 20 Frau und Familienleben im Islam
Nr. 21 ABC der Zeitschrift Al-Islam (Stichwortregister)
Nr. 22 Scharia - der Weg zu Gott
Nr. 23 Islam und Christentum
Nr. 24 Weltanschauung und Leben im Islam
Nr. 25 Moscheeführer
Nr. 26 Krieg und Frieden im Islam
Nr. 27 Die Wunder des Lebens
Nr. 28 Die Ehe im Islam
Nr. 29 Kopftuch und Kleidung im Islam
Nr. 30 Traum und Traumdeutung im Islam
Nr. 31 Vierzig Hadithe über das Fasten
Nr. 32 Vielfach überlieferte Prophetenworte
Nr. 33 Islam-Knigge, Ratschläge zum Umgang mit Muslimen in Deutschland
Nr. 34 Das Leben des letzten Propheten
Nr. 35 Über das Fasten im Ramadan
Nr. 36 Über islamisches Verhalten
Nr. 37 Über die gute Wesensart
Nr. 38 Die muslimische Familie in der hiesigen Gesellschaft
Nr. 39 Vierzig heilige Hadithe
Nr. 40 Tazkijjatu-Nafs das Läutern der Seele
Nr. 41 Evolutionstheorie aus islamischer Sicht
Nr. 42 Al-Nawawi Vierzig Hadithe